La Géographie
en Pleine Histoire

Auteur: Stéphane Silva
Illustrateur: Francisco Silva

Auteur: Stéphane Silva
Illustrateur: Francisco Silva
Droits d'auteur © 2025 Stéphane Silva
Un merci spécial à "VivLiv Books" pour tout votre support à la publication de ce livre.

Tous les droits sont réservés.
Aucune partie de ce livre ne peut être reproduite ou utilisée de quelque manière que ce soit sans l'autorisation écrite préalable du propriétaire du droit d'auteur, à l'exception de l'utilisation de brèves citations dans une critique de livre.
Pour demander des autorisations, contactez l'auteur à: stephanesilva0307@gmail.com
Library of Congress Control Number: 2025904238
(Numéro de contrôle de la Bibliothèque du Congrès)

ISBN: 979-8-9916884-1-3

Table des Matières

Chapitre 1 4
Révision du cours de Géographie

Chapitre 2 18
Mandela explique ses origines Capoise et Jacmelienne

Chapitre 3 26
Les attractions et activités touristiques de Mandela

Conclusion 40

Remerciements 42

Map 44

Jeu de Mots Croisés 52

Biographies 54
Stéphane Silva
Francisco Silva

Réponses du Jeu de Mots Croisés 56

Chapitre 1
Révision du cours de Géographie

Dans la classe du Professeur Stéphane.

Bonjour classe!

J'espère que vous allez bien malgré la situation du pays. Je tiens à vous rappeler que l'éducation est l'un des plus grands cadeaux pour la société. Comme avait dit Nelson Mandela : « L'éducation est l'arme la plus puissante pour changer le monde ». Restez motivés!

Les examens finaux approchent et j'aimerais commencer cette semaine avec des révisions. Je compte sur votre participation car j'aimerais vraiment que vous maitrisiez la géographie d'Haïti.

La semaine dernière, nous avions parlé du positionnement d'Haïti sur la carte de l'Amérique. Comme vous le voyez sur ce tableau, Haïti est situé à l'Est de Cuba, au Nord-Est de la Jamaïque, à l'Ouest de Porto Rico, au Sud de Turks and Caicos et à l'Ouest de la République Dominicaine.

- Oui, Olivier. Quelle est ta question?
- Quelle est la taille d'Haïti, Professeur Stéphane ?

- J'ai la réponse Professeur Stéphane.
- Vas-y, Cétoute.
- Le professeur nous a enseigné qu'Haïti a une superficie de 27 750 kilomètres carrés. C'est l'un des plus petits pays du continent Américain en terme de superficie. Haïti est plutôt bas avec une altitude moyenne de 470 mètres au-dessus du niveau de la mer. Le plus haut sommet du pays, Pic la Selle, se situe à 2680 mètres d'altitude.

- Bravo Cétoute! Mandela, aimerais-tu ajouter quelque chose?
- Oui, Professeur Stéphane. Je voulais dire que pour mieux connaître Haïti, il faut noter qu'il est divisé en dix départements: L'Ouest, le Sud, le Sud-Est, le Nord, le Nord-Ouest, le Nord-Est, Grande'Anse, Artibonite, le Centre et le département de Nippes. Haïti possède 42 arrondissements et 146 communes. La capitale d'Haïti est Port-au-Prince.

Pour ajouter, j'aimerais expliquer la géographie avec une partie de notre histoire. Chaque matin, avant de nous rendre en classe à huit heures, nous chantons notre hymne nationale qui s'appelle « La Dessalinienne ». Elle a pour but de nous rappeler que nous devons rester unis et respecter le grand travail que nos ancêtres ont réalisé pour nous. Nous sommes la première République noire dans le monde, donc nous devons être fiers de ce beau pays et de cette histoire unique qui est la nôtre.

- Félicitations Mandela! Tu as bien appris tes leçons et tu as également bien compris le sens patriotique des chapitres. Malgré les mauvais moments que traverse notre pays, nous devons tout faire pour changer cette situation. Nous devons aussi être fiers du pays que Dieu nous a donné et du travail de nos ancêtres. Nous devons comprendre à travers les leçons, ce que signifie être des citoyens responsables. Nous devons être fiers d'être Haïtiens!

Encore une fois applaudissons Cétoute et Mandela pour leur superbe explications. Nous continuerons de réviser la semaine prochaine, si Dieu veut, avant l'examen final.

Chapitre 2

Mandela explique ses origines Capoise et Jacmelienne

Une heure plus tard dans la cour de recréation, un étudiant qui s'appelle Phillipe approche Mandela.

- Wow Mandela! Comment fais-tu pour connaître tes leçons aussi bien? As-tu déjà eu la chance de visiter ces départements d'Haïti?
- J'ai eu la chance de visiter deux départements parmi les dix: le département du Sud-Est[1] et le département du Nord[2]. En plus, La géographie est l'une de mes matières préférées, et j'ai beaucoup prêté attention lorsque le Professeur Stéphane enseignait ce chapitre. Selon moi, comme Haïtiens, nous devrions découvrir nos richesses et nos attractions touristiques à travers des voyages, pour être conscients de notre potentiel touristique.
D'ailleurs, d'où viens-tu Mandela?

1. Le département du Sud-Est a pour chef-lieu: Jacmel,
2. Le département du Nord a pour chef-lieu: Cap-Haïtien.

Je suis né à Jacmel. Je suis né d'un père Capois et d'une mère Jacmelienne. Durant les vacances d'été, je passais une moitié des vacances à Jacmel et l'autre moitié chez la famille de mon père au Cap-Haïtien. C'est la raison pour laquelle je connais très bien ces deux villes. Récemment, j'ai eu la chance de participer à un documentaire visant à partager nos spécialités culinaires, nos montagnes, nos sites touristiques, etc. Avant de présenter ce documentaire, j'avais déjà fait beaucoup de recherche sur la géographie de Jacmel et Cap-Haïtien et sur leur Histoire également.

Zizoo Galette, un autre étudiant demande à Mandela:

- Pourrais-tu partager ta présentation pour que nous ayons ces informations?

- Bien sûr! J'avais pour habitude de me rendre dans la maison de mon père au Cap Haïtien, qui est une ville côtière. Durant les dernières vacances, j'ai eu la chance de présenter cette ville à l'occasion du tournage d'un documentaire.

Premièrement, le vidéographe et moi nous nous sommes rendus sur la place Cathédrale Notre Dame de l'Assomption. Sur cette place, j'ai présenté un bref résumé de l'histoire du Cap Haïtien.
Cap-Haïtien est une ville située au Nord sur la côte septentrionale de la République d'Haïti. C'est une ville riche en histoire et en culture. Elle possède des paysages magnifiques, des plages paradisiaques comme Labadie, et des ruelles pavées évoquant un passé riche. Tout cela fait d'elle sans aucun doute, une destination incontournable dans les Caraïbes. Parmi les sites touristiques, il y a le Palais Sans Souci et la Citadelle, qui avaient capté mon attention et dont j'aimerais vous en parler en détail.

Chapitre 3

Les attractions et activités touristiques de Mandela

Le Parc National Historique se situe à Milot dans le Nord d'Haïti. Il héberge en son sein un réseau de fortifications et de constructions architecturales. Parmi les plus remarquables, se distinguent le Palais Sans Souci et la Citadelle Laferrière. Le Palais Sans Souci est situé à une vingtaine de kilomètres au Sud du Cap-Haïtien. C'est l'ancienne résidence d'Henri Christophe, l'un des héros de la guerre de l'indépendance Haïtienne. Selon certains guides, le Palais Sans Souci était le plus beau palais des Caraïbes pendant le XIXe siècle. Le roi Henri Christophe voulait, à travers cet espace, que tout les Haïtiens s'éduquent et que tous les habitants aient un métier. C'est là que se trouvaient une bibliothèque, une caserne, des hôpitaux, une université, une salle de couture, une imprimerie et même une ferme.

Plus haut, on retrouve la Citadelle Laferrière, qui a été construite au début du XIXe siècle. Elle a été érigée après l'indépendance d'Haïti en 1804, suivant les ordonnances de l'Empereur Jean-Jacques Dessalines, afin de protéger la partie Nord de l'île contre un éventuel retour des Français.

Le choix d'édifier cette forteresse sur des sommets répond à une logique stratégique de protection intérieure.
Nous avons parcouru des kilomètres à cheval pour arriver à la Citadelle Laferrière. C'était réellement une superbe expérience, et je vous encourage à le faire aussi!

Nous nous sommes également rendus à Labadie, l'une des attractions touristiques les plus populaires en Haïti. Labadie se trouve sur une presqu'île au Nord-Est de la Baie de l'Acul. Beaucoup de personnes pensent que Labadie est seulement le nom d'une plage. En réalité, c'est le nom de ce secteur qui regroupe différentes plages. Nous avons eu la chance de passer une journée là-bas. Durant cette journée, nous avons visité quatre plages: Belly Beach, Cadras, Malfini et Île à Rat. Ces quatre plages ont chacune leur ambiance unique et donnent vie à la région ainsi que l'envie d'y retourner.

L'autre moitié des vacances, je l'ai passée à Jacmel, ma ville natale. La ville que j'adore, qui m'a vu grandir, et la ville pour laquelle je suis très reconnaissant.

Pour vous donner quelques anecdotes, je vous dirais que Jacmel a pour ancien nom, Yaquimel. Ma ville est réputée pour son patrimoine culturel, sa richesse et son architecture coloniale bien préservée. Jacmel a été fondée en 1698 et s'est développée au XIXe siècle comme un centre de commerce majeur, où l'on exportait du café notamment

Jacmel est un centre artistique qui est très important pour Haïti. Chaque année, la ville accueille de nombreux festivals culturels. L'un de mes préférés est le carnaval de Jacmel.

Le carnaval de Jacmel est l'un des évènements culturels les plus emblématiques d'Haïti. Celui de Jacmel se tient généralement quelques semaines avant le carnaval national de Port-au-Prince. Ce qui rend cette époque spéciale, ce sont les masques et les costumes fabriqués par des artisans locaux. Durant la période carnavalesque, il y a un défilé de chars, des danses, des défilés pour les enfants, des bandes de raras et bien plus encore. Tout cet ensemble met en valeur le riche patrimoine artistique de la ville. Les artistes locaux confectionnent des masques en papier mâché et des costumes représentant des personnages mythiques, des animaux ou des figures historiques.

Selon moi, c'est un évènement incontournable pour ceux qui souhaitent vivre une expérience authentique et vibrante de la culture Haïtienne. C'est durant cette période que beaucoup de personnes profitent pour visiter les lieux populaires de Jacmel, comme "Lakou New York" et "Bassin Bleu."

Je me rendais souvent à Lakou New York les après-midi avec mes amis. Lakou New York a une place spéciale dans mon cœur. C'est le genre d'endroit où tu retrouves l'ambiance parfaite pour te divertir durant un week-end. C'est une place au bord de la mer, avec des restaurants en plein air. Un espace très paisible où l'on peut profiter du doux souffle de la brise et entendre le son des vagues. C'est l'une des places touristiques les plus populaires à Jacmel, et on peut même dire en Haïti.

Pour terminer mes vacances, j'avais l'habitude de me rendre à Bassin Bleu, une impressionnante piscine naturelle. Elle est constituée de quatre bassins: Le Bassin Cheval, qui mesure neuf pieds de profondeur. Le Bassin Yes, d'une profondeur de quinze pieds. Et enfin, le Bassin Palmiste et le Bassin Clair qui mesurent respectivement cinquante-sept pied et soixante-cinq pieds de profondeur. On se rendait généralement dans le quatrième bassin, le Bassin Clair. Pour s'y rendre, il fallait utiliser une corde : une expérience très amusante surtout en groupe! On se baignait, on mangeait, on écoutait de la bonne musique, et on prenait des photos souvenirs. À mon avis, c'est l'une des meilleures manières de conclure les vacances.

Je pense qu'avec ces informations vous aurez de bonne notes. Il suffit de les mémoriser.

Je vous invite à visiter ma ville natale Jacmel et le Cap-Haïtien durant les grandes vacances avec l'agence touristique "Kite m Montre w Ayiti," qui vous guidera par la grâce de Dieu. Aventurez-vous pour des expériences inoubliables!

Remerciements

Pour commencer, je remercie le Père Céleste de m'avoir donné encore une fois l'inspiration et l'expérience pour partager ce livre. De 2016 à aujourd'hui, vous étiez des milliers à nous soutenir. J'exprime toute ma gratitude envers vous. Au graphiste, et aux photographes, vidéographes, journalistes, aux correcteurs ainsi que l'équipe de logistique : merci pour vos apports respectifs à ce projet.

Merci pour ceux et celles qui nous ont soutenus pour notre premier livre « La richesse dans la pauvreté », et notre documentaire « Homesick ». Enfin, merci encore à vous, pour votre participation dans ce nouveau projet.

Pour plus informations, vous pouvez nous contacter et nous suivre:
Nom d'Entreprise: Kite m Montre w Ayiti et Chaserout LLC
Website: www.chaserout.com
Email: stephanesilva0307@gmail.com
social media:
Instagram: kitem_montrew_ayiti and silvastephane001
tiktok: stephane_silva001

NORD-OUEST
North-West
PORT de PAIX

NORD
North
CAP-HAÏTIEN

ARTIBONITE
Artibonite
GONAÏVES

NORD-EST
North-East
FORT LIBERTÉ

CENTRE
Centre
HINCHE

OUEST
West
PORT-AU-PRINCE

SUD-EST
South East
JACMEL

NIPPES
Nippes
MIRAGOÂNE

SUD
South
LES CAYES

GRANDE-ANSE
Grande-Anse
JÉRÉMIE

45

NORD-OUEST
North-West
PORT de PAIX

 Cathédrale de Port de Paix

 Les Forts du Môle Saint Nicolas

 Grotte Marie Za

 Trou Princeton

 Baie des moustiques

 Île de la tortue

 Cascade de Chansolme

JOUR 1
- *Forts du Môle Saint Nicolas*
- La batterie de Vallière
- *la Batterie d'Orléans*
- Le vieux quartier
- *la Poudrière du Môle*
- la Batterie du morne à cabris et la batterie du ralliement
- *Lacoma*
- Jean Rabel
- *Fon Zonbi*
- Bombardopolis

JOUR 2
- La cascade de Chansolme
- *Tì Sainte Anne située à Anse à Foleur*
- La ville Okan
- *Baie des moustiques*

JOUR 3
- Le fort des trois pavillons
- *La cathédrale de Port de Paix*
- Plage du Môle Saint Nicolas
- *Grotte Marie Za*
- Grotte Trou Princeton
- *Île de la Tortue*

Nos délices : Maïs, pois congo, Manioc, pisket

Protecteur de la biodiversité : Boeuf, poisson, cabris

Moyen transport populaire : Âne

ARTIBONITE
Artibonite
GONAÏVES

 Cathédrale du Souvenir

 Fort Desiré

 Village D'ennery

 Marchand Dessalines

 Lakou Souvenance

 Palais 365 Portes

JOUR 1
- Cathédrale du Souvenir
- *Place d'Armes de la ville de Gonaïves*

JOUR 2
- Marchand Dessalines
- *Anse Rouge*
- Grande Saline

JOUR 3
- Village d'Ennery
- *Palais 365 portes*
- Fort de la Crête à Pierrot
- *le triangle des lakou* (Soukri, souvenance, Badjo)
- Le Fort Décidé

Production : Riz, Lalo, griot, pitimi, maïs, piment, carotte, usine de fabrication des meubles en bambou à Marmelade

Protecteur de la biodiversité : boeuf, poisson, cabris

Moyen de transport : camionette

NORD
North
CAP-HAÏTIEN

 Bassin Waka
 Bassin Diamant
 Bassin Mambo
 Palais Sans Souci
 Citadelle Laferrière
 Marché touristique
 Boulevard Cap-Haïtien

 Vertières
 Fort Picolet
 Musée de Guahaba
 Voûte-à-Minguet
Fort Saint-Joseph

Nos délices
Production   cassave , noix grillées
Cacao, café , canne à sucre, jus de canne

Protecteur de la biodiversité   bœuf , poisson , cabris

Moyen transport populaire   Motocyclettes, Cabris

JOUR 1
- Boulevard du Cap Haïtien
- **Les restaurants**
(Retrouvailles - Cap Deli - Boukanye - Vip Island - Plux Hotel
- Aaden's - Lakay Bar Retaurant - Auberge du Picolet
- Gwòg Bar - Deko bar.)

JOUR 2
- **Place Vertières**
- Bois Caïman
- **Citadelle Laferrière**
- Palais Sans Souci
- **Marché touriste**
- Bassin Waka
- **Bassin diamant**
- Bassin Mambo (Limonade)
- **Fort Saint Joseph**
- Fort Picolet
- **Les Grottes de Dondons :** Voûte Saint-Martin , Voûte à Minguet, Voûte des Dames, Voûte Acadelia, Grotte Marc Antoine, Grotte Saint Raphaël.
- Musée de Guahaba

JOUR 3
- Labadee (4 Plages)

Belly Beach - Île à Rat - Malfini - Cadras

NORD-EST
North-East
FORT-LIBERTÉ

 Barrage Marion
 Baie de Fort Liberté
 Saut d'eau Acul des pins Ouanaminthe

JOUR 1
- Baie de Fort Liberté
- **Barrage Marion**

JOUR 2
- Fort Dauphin
- **Saut d'eau Acul des Pins**
- Chute Mallbeck
- **Canal de Ouanaminthe**

JOUR 3
- Fort Saint Charles
- **Plage Phaeton**

Production   banane, café , Sisal

Protecteur de la biodiversité   Flamant Rose, aigrette et Herons , iguanes , poissons

CENTRE
Centre
HINCHE

- Barrage de Péligre
- Bassin Zim
- Saut d'eau
- Chute Cange
- Fort des Anglais
- Église Catholique de Mirebalais

Production — Maïs, Blé
Protecteur de la biodiversité — Cabris, bœuf, cochon
Moyen de transport — camionette

JOUR 1
- Barrage de Péligre
- **chute d'eau Cange**
- Église Catholique de Mirebalais
- **fort les Anglais**
- Fort Beauvais
- **Fort Rochambeau**

JOUR 2
- Bassin Zim

JOUR 3
- Saut d'Eau

OUEST
West
PORT-AU-PRINCE

- Bassin Anacaona
- Fort-Jacques
- Fort Alexandre
- Champ de Mars
- Mupanah
- Tour 2004
- Wynn Farm
- Fort Drouet
- Côte des Arcadins
- Le Montcel

Moyen de transport — camionette

JOUR 1
- Fort-Jacques
- **Fort Alexandre**
- Fort Drouet(Arcahaie)

JOUR 2
- Champ de Mars
- **Grotte Anacaona Léogâne**
- Wynne farm Ecological Reserve (Kenscoff)
- **Ranch le montcel**

JOUR 3
- Mupanah
- **Tour 2004**
- Les plages de la côte des arcadins
 (kaliko beach, Moulin sur mer, Wahoo beach, Royal Decameron)

SUD-EST
South East
JACMEL

- Bassin Bleu
- Lakou New York
- Cascade Pichon
- Grotte Marie Louise
- Rue du commerce
- Fort Ogé
- Raymond les Bains
- Ti-Mouillage
- Colombier Belle-Anse
- Parc National Lagon Des Huîtres

Activité carnaval jacmel

JOUR 1
- Bassin Bleu
- **Lakou New York**
- Cascade Pichon
- **Grotte Marie Louise**

JOUR 2
- Rue du commerce
  (Florita,Auberge du vieux Port,Café Koze)
- **surf haiti et Haitisurf**
- Chic chateau

JOUR 3
- Cyvadier
- **Fort Ogé (Cap Rouge)**
- Raymond les Bains
- **Kabic**
- Ti Mouillage
- **Le Colombier(Belle Anse)**
- Parc Lagon des Huîtres
- **Belle-Anse**

SUD
South
LES CAYES

- Plage Tourterelle
- Grotte Kounoubwa
- Île de la Trompeuse
- Île à vache
- Gelée beach
- Fort Des Oliviers
- Cascade Touyac
- Port Salut
- 500 Marches Médaille Miraculeuse
- Ozanana Beach
- Port-à-Piment
- Grotte Marie Jeanne
- Saut Mathurine
- Jardin Botanique des Cayes

JOUR 1
- Saut Mathurine
- **Grotte Marie Jeanne**
- Port à piment
- **Ozanana beach** (Saint Jean du Sud)

JOUR 2
- 500 marches médaille Miraculeuse
- **Jardin Botanique des Cayes**
- Cascade Touyac
- **Port Salut**

JOUR 3
- Fort des Oliviers
- **Gelée Beach**
- Île à Vache
- **Île de la trompeuse**
- Grotte Kounoubwa
- **Plage la tourterelle (Cayes Sud)**

Production Maïs, café, cacao
Moyen de transport Camionette

NIPPES
Nippes
MIRAGÔANE

 Fort Réfléchi Miragôane

 Église Catholique Saint Jean Baptiste de Miragôane

 Paroisse de la Nativité

 Étang de Miragôane

 Habitation Fabre Geffrard

Production Sorgho/ petit mil ,Maïs, Bananes , Manioc doux ,pois congo ,Patates.

JOUR 1
- Grotte des hirondelles
- *Étang de Miragôane*

JOUR 2
- Petit trou de Nippes
- *Paroisse de la Nativité*

JOUR 3
- Habitation Fabre Geffrard
- *Saut du Baril*
- Église de Miragôane
- *Le fort Réfléchi Miragôane*

GRANDE-ANSE
Grande-Anse
JÉRÉMIE

 Plage Anse d'Azur

 Plage Anse du Clerc

 Pont Marfranc

 Fort Marfranc

 Cathédrale Saint Louis Roi de France

 Rivière Voldrogue

 Parc Naturel Macaya

Nos Délices Tonmtonm, Lam
Production Lam veritab

JOUR 1
- Plage Anze d'azur
- *Plage Anse du Clerc*

JOUR 2
- Pont Marfranc
- *Le fort Marfranc*

JOUR 3
- Cathédrale Saint Louis Roi de France
- *Voûte Laforest*
- La rivière voldrogue
- *Parc NATIONAL NATUREL Macaya*

Horizontalement

1 La ville Haïtienne connue comme la cité des poètes.

8 Durant notre examen de chimie en philo notre professeur nous demande le symbole de l'aluminium, qui est ?

10 Milieu naturel pour la croissance des plantes.

13 Hinche est le chef-lieu de quel département ?

19 Diminutif couramment utilisé pour maître de cérémonie.

21 Diminutif pour le nouveau secondaire.

23 L'histoire d'Haïti est marquée par la lutte pour l'indépendance … la liberté

26 Un emplacement. Un espace déterminé géographiquement en fonction de sa nature ou de ce qui s'y trouve, parfois désigné par un nom afin de s'y référer plus facilement.

30 Diminutif de l'Organisation Mondiale de la santé.

34 Ensemble des êtres vivants dans un même territoire ayant une communauté d'origine d'histoire, de culture, de traditions et parfois de langues.

Verticalement

1 Première ville électrifiée de la Caraïbe.

2 Désignation d'une ou plusieurs personnes par un vote.

4 L'un des quatre points cardinaux, qui se trouve du coté du soleil levant.

5 Un relief d'une île ou d'un littoral, généralement une colline.

6 Espace de terre entouré d'eau de tous côtés.

28 École de la magistrature.

29 Diminutif : Université des sciences et technologies

33 Nations Unies.

Biographie Stéphane Silva

Stéphane Silva est un auteur originaire de Port-au-Prince, Haïti. Il a fait ses études primaires à Saint Joseph de Pétion Ville et ses études secondaires à Saint Louis de Gonzague et au Collège Excelsior. Il a poursuit ses études universitaires à L'Université Notre Dame d'Haïti en administration des affaires. Stéphane est certifié en tant que formateur en entreprenariat dans un programme du PAN American Development Foundation (PADF). Il est co-fondateur de Kite m Montre w Ayiti, une agence d'excursion en Haïti.

Déterminé pour une nouvelle Haïti, Stéphane s'engage avec son équipe depuis 2016 à travers de nombreuses excursions. Ils ont pour but de faire découvrir la beauté d'Haïti dans la joie et la bonne humeur à tous ceux qui le veulent.

En 2020, Stéphane a publié son premier livre intitulé « La Richesse dans la Pauvreté », une oeuvre qui met en valeur les richesses d'Haïti pour donner une autre vision de ce pays qui est trop souvent défini par la pauvreté.

En 2023, il a présenté son deuxième projet, un documentaire intitulé « Homesick ». Ce film est à destination de toutes les personnes bercées par la nostalgie du pays. De nombreuses choses sont mises à l'honneur dans « Homesick », comme la gastronomie haïtienne ou encore les sites touristiques tels que les rivières, les montages et les plages.

Quatre ans plus tard, Stéphane partage avec le grand public son nouvel ouvrage, « La Géographie en Pleine Histoire », une lumière positive dans la situation chaotique que vie actuellement le pays. Avec ce livre, l'auteur enseigne sur la géographie d'Haïti, afin de mettre en valeur l'éducation.

Biographie Francisco Silva

Francisco Silva ou Silva Jean Francisco est un illustrateur qui est né le 3 décembre à Port-au-Prince (Haïti). Il est un artiste passionné des arts visuels. Il a commencé sa formation artistique à Foula école d'arts traditionnels, où il a étudié la musique et les percussions. Ensuite, il a assisté le Centre d'Art en 2008, où il a fréquenté des artistes tels que Dieudonné Cédor, Franck Louissaint et autres. Francisco a de nombreuses formations à son actif : Arts Numériques à Graphcity, stage de formation et d'échange entre l'ENSAV La cambre de Bruxelles, l'ESA le 75 de Bruxelles et l'ENARTS de Port-au-Prince. Il obtient finalement son diplôme en Arts Plastiques en 2015 à L'École Nationale des Arts (ENARTS). Illustrateur, bédéiste, caricaturiste, peintre et grapheur, Francisco Silva est un artiste pluridisciplinaire.

Il est fondateur et président de KLORAT BIZ'ART, groupe d'artistes qui prône l'art contemporain. Durant sa carrière, on peut souligner qu'il a exposé à l'Ambassade des États-Unis d'Amérique en Haïti, à Kolektif 509 en Haïti ainsi qu'à l'hôtel Villa Thérèse de Pétion Ville. Il a également exposé de nouveau pour cette dernière en 2015 à l'occasion de la Caribbean Festival of Arts (CAIFESTA). L'année suivante a été marquée par une exposition à Maison Dufort pour la Caribbean Studies Association (CSA) ainsi qu'à Art Beat Miami. Enfin, il est professeur de dessin à l'École Nationale des Arts.

Réponses du Jeu de Mots Croisés

Horizontalement:

1. JEREMIE
8. AI
10. SOL
13. CENTRE
19. MC
21. NS
23. ET
26. LIEU
30. OMS
34. NATION

Verticalement:

1. JACMEL
2. ÉLECTION
4. EST
5. MORNE
6. ILES
28. EMA
29. UST
33. UN

www.ingramcontent.com/pod-product-compliance
Lightning Source LLC
Chambersburg PA
CBHW051326110526
44582CB00003B/60